NOTRE DROIT

A

L'ASSIMILATION

PAR

Gustave FRANCONIE

DÉPUTÉ

PARIS

IMPRIMERIE MODERNE, WATTIER DIRECTEUR

61, RUE JEAN-JACQUES-ROUSSEAU, 61

1880

NOTRE DROIT

A L'ASSIMILATION

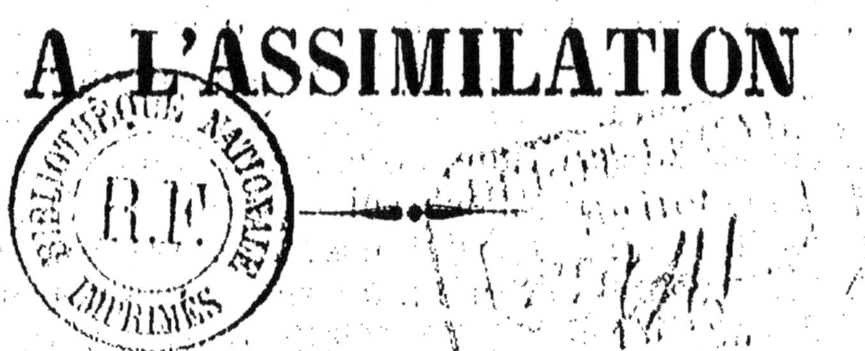

A mes compatriotes

Chers concitoyens et amis,

Lorsqu'à la fin de l'année dernière j'appris que le gouvernement métropolitain venait d'accorder un conseil général à la Guyane, je fus tout à la fois surpris et heureux de cette bonne nouvelle.

Surpris, je pouvais l'être.

Par de plus anciens que moi, je savais que malgré 89, les droits naturels les plus élémentaires des populations coloniales avaient été, jusqu'en 1848, complétement méconnus par tous les régimes. Par moi-même, j'avais vu vingt années de revendication de nos droits politiques les plus simples rester sans succès. A bon droit, je pouvais m'étonner que, tout à coup, et pour ainsi dire sans préparation, le pouvoir rompît avec les errements du passé et entrât de plein pied dans la voie des concessions libérales.

Heureux, je pouvais l'être aussi.

Je me disais qu'après tout le droit était, de sa nature, imprescriptible ; qu'après des siècles de servitude, nous avions bien vu à la fin la reconnaissance solennelle de la liberté et de la dignité humaines ; qu'en somme, il se pouvait bien que nous fussions au terme de nos épreuves, à la veille peut être de la consécration complète de nos capacités.

Dans ces dispositions, je me gardai de m'échauffer l'imagination et attendis les événements sans enthousiasme prématuré comme sans puérile défiance.

Eus-je tort ? Nous allons voir.

Vous savez ce que furent les événements et comment cette année se passa. Après le conseil général, nous vîmes successivement accorder à notre pays sa représentation à la Chambre des députés suspendue depuis 1875, le droit d'élire ses municipalités, l'abrogation des pouvoirs extraordinaires des gouverneurs, etc. ; nous ne pûmes que nous en féliciter.

Mais voilà qu'en si bonne voie le gouvernement vient de s'arrêter tout net. Voilà qu'au moment de mettre la dernière main à l'œuvre, de la couronner en quelque sorte, il coupe court et montre, par le refus d'un gouverneur civil à la Martinique, que les bonnes dispositions d'hier se sont modifiées. Les temps sont venus, il faut parler : *Nunc loquendum.*

D'où provenait le long retard que l'on avait mis à entendre nos réclamations ? Lorsque la période de sourde-oreille a été passée, d'où est provenue la parcimonie avec laquelle on nous a distribué, comme à regret, quelques-unes de nos libertés ? D'où provient aujourd'hui la résistance que l'on oppose encore à certaines de nos aspirations, peut-être le plus anciennement manifestées ? — Notre droit à la liberté entière n'avait-il pas été jusqu'à l'année dernière suffisamment établi ? A l'heure actuelle, ne l'est-il pas encore d'une façon complète ?

Telles sont les questions qu'il me prend fantaisie de rechercher avec vous dans cet opuscule.

Citoyens, il ne faut pas nous le dissimuler : avant 1848, nous n'aurions pu prétendre à parler de droit. La prétention eût été sévèrement châtiée.

C'est, qu'en effet, par une étrange contradiction de la nation qui avait fait 89 et inscrit les droits de l'homme et du citoyen au frontispice de la Révolution, l'esclavage existait, j'allais dire sévissait aux colonies. La grande masse coloniale, courbée sous le joug de la servitude, n'avait pas de droits. Elle n'avait que des devoirs. Agglomération de bêtes de somme plutôt que collectivité humaine, elle devait tout d'elle-même a de prétendus maîtres, sans autre compensation à attendre que le strict nécessaire matériel, indispensable à sa conservation. Heureux ! quand, sous prétexte de coercition ou de châtiment, ce strict nécessaire même ne lui était pas disputé, sans qu'elle pût en aucune façon protester. Dans ces conditions, je le répète, il ne pouvait s'agir pour nous de droit.

Par bonheur, une telle aberration de la conscience française ne pouvait éternellement durer ; une telle tache, souiller indéfiniment le front de l'auguste initiatrice des peuples. Un jour était proche où, reprenant pleine possession d'elle-même, elle allait fièrement l'essuyer.

Ce jour vint, et la France libérée donna la liberté aux esclaves. Des bêtes de somme elle fit des hommes ; de ces hommes, elle fit des citoyens ; de ces citoyens, elle fit des citoyens français.

Or, je dis que ce jour-là, le droit le plus large, le droit tout entier des populations coloniales fut solennellement et pour toujours reconnu et établi. Je dis que l'égalité intégrale de leur condition à celle de leurs sœurs de la mère-patrie, fut proclamée. Il ne s'agissait plus que de donner la sanction pratique à cette proclamation grandiose.

Hors cela, en effet, que pouvait signifier, je le demande, le décret du gouvernement provisoire? Que pouvait signifier la qualité d'hommes subitement donnée à des êtres jusqu'alors considérés comme machines? Que pouvait signifier la qualité de citoyens, *civitas*, décernée à de malheureuses victimes de la plus ancienne et de la plus odieuse tyrannie, tenues jusque-là pour ainsi dire hors l'humanité même?

N'avait-on voulu, par hasard, qu'arracher simplement les noirs à l'espèce de travaux forcés auxquels semblait les avoir condamnés la divine Providence? N'avait-on voulu les soustraire à la barbarie de certains propriétaires, aux infâmes tortures corporelles, que pour les jeter ensuite sur le pavé, dans des embarras plus grands et plus cruels, a-t-on dit avec raison, que ceux de leur situation antérieure?

En ce cas, loin de continuer à prodiguer des éloges au gouvernement provisoire, il faudrait désormais juger son œuvre vaine, sinon le maudire de l'avoir entreprise et accomplie.

Heureusement ce n'est point de cela qu'il s'agit. Pour tout esprit libre de préjugés, une bien autre pensée guidait le législateur de 1848; une bien autre tâche il voulait remplir.

Du moment qu'il déclarait libre les populations coloniales, c'est qu'il entendait du même coup, sous peine d'illogisme, leur conférer tous les apanages de la liberté. Du moment qu'il en déclarait tous les membres citoyens français, c'est qu'il entendait du même coup les mettre en pleine jouissance immédiate de toutes lois, institutions, bénéfices, comme les soumettre à toutes charges et contributions de la société française métropolitaine. En un mot, puisqu'il faut le dire, c'est que dès ce moment il entendait assimiler complétement les colonies aux départements français.

Je n'en veux d'autre preuve que celle-ci : c'est que le premier gouverneur qui vint à la Guyane, après l'émancipation, portait le titre significatif de commissaire général de la République.

Au fond, pourquoi n'eût-ce pas été la pensée du gouvernement provisoire ?

N'était-ce point là le collaire tout naturellement indiqué de l'acte émancipateur? N'était-ce point là la seule et véritable sanction pratique qu'il pût recevoir ? N'était-ce point là le meilleur moyen de consacrer promptement et sûrement les principes qui venaient d'être proclamés; le meilleur moyen de conduire les nouveaux affranchis à s'élever, à s'instruire, à se rendre dans un court délai réellement dignes du bienfait qu'ils venaient de recueillir?

Le plus vulgaire bon sens et la philosophie la plus élevée s'accordent à le crier bien haut, et nul doute que sans retard le gouvernement provisoire eût obéi à leur voix, si malheureusement cette lueur de grandeur et de générosité qui, pendant trois mois, éclaira la France, ne se fût d'abord obscurcie dans la plus sombre réaction, pour s'évanouir ensuite tout à fait dans la nuit du plus odieux despotisme.

Ceci bien établi, d'où vient que depuis lors et jusque sous la présente République, notre droit à l'assimilation, formellement inscrit dans l'acte d'émancipation, soit resté platonique et n'ait pu encore passer dans la réalité des faits ? C'est ce qu'il faut maintenant examiner.

Le gouvernement provisoire, une fois disparu, vous savez, chers concitoyens, ce qui arriva. Les Assemblées constituante et législative lui succédèrent. Ces Assemblées ne nous donnèrent point le complément de l'œuvre des premiers jours : c'était logique. Préoccupées des dissensions intestines de 1848, 1849, 1850, elles ne s'avisèrent point de s'intéresser aux choses coloniales. Je me trompe : une fois, dans une éclaircie, elles s'y intéressèrent ; mais ce fut pour montrer clairement qu'elles n'acceptaient point les conséquences du décret du 5 mai, et se mettre du côté des oppresseurs contre les opprimés, en accordant une indemnité aux anciens propriétaires d'esclaves, soi-disant lésés.

Survint l'Empire. Celui-là non plus ne nous accorda rien. C'était encore logique. On ne pouvait franchement exiger de M. Bonaparte qu'il consacrât la liberté et l'égalité. Trop heureux devait-on s'estimer que, fidèle continuateur de son oncle, il ne se fut pas avisé, dès le premier jour, de mettre le comble à ses imitations, en déchirant purement et simplement l'acte d'émancipation comme il avait fait d'un autre acte connu.

Tout cela était logique, je le répète, on devait s'y attendre.

Mais ce à quoi certainement l'on ne devait point s'attendre, c'était qu'une fois l'Empire enseveli dans la boue de Sedan, la République de 1870 resterait huit années avant de reconnaître la dette à elle léguée par sa devancière de 1848; c'était qu'une fois la dette reconnue, elle n'y donnerait, pendant une année, que de dérisoires à-comptes; c'était qu'un beau jour, elle suspendrait brusquement ses payements et invoquerait la prescription... trentenaire apparemment.

Or, cela, nous l'avons vu, citoyens, et sans ambages, il faut en dire la raison.

La raison? C'est que la République du 4 septembre n'était point et n'est point encore la République. La raison? C'est qu'au lieu de s'affirmer enfin et une fois pour toutes, comme base et moyen de la Révolution, elle aime mieux continuer à n'être que l'étiquette des errements monarchiques. C'est qu'au lieu de chercher à tout amender, hommes et choses, au nom du principe démocratique, seul vrai, elle aime mieux conserver comme un précieux dépôt le culte d'un passé détestable, le culte des prétendus droits acquis. C'est, en un mot, qu'elle est, on l'a déjà dit, je crois, la monarchie moins un monarque.

A toutes nos revendications, en effet, fondées, on l'a vu, sur un droit incontestable, qu'avait-elle, jusqu'à l'année dernière, opposé. Que semble-t-elle y opposer aujourd'hui encore ? — Des fins de non recevoir; c'est-à-dire des objections telles qu'aux seuls régimes monarchiques aveugles, il pourrait convenir d'en user de semblables.

Demandions-nous un conseil général ? — On objectait que nous ne possédions aucunes capacités, ni politiques, ni administratives.

Demandions-nous la restitution de notre représentation au Parlement ? On nous opposait l'exiguïté de notre population, notre insuffisance économique, l'inconvenance qu'il y aurait à nous laisser, dans notre condition, une part d'influence dans la politique générale.

Demandions-nous à élire nos municipalités? — Il n'y avait pas de communes à la Guyane; pas d'habitants.

Justifiait-on du moins en quelque façon ces objections ? C'eût été trop de peine.

Un gouverneur, séïde du bonapartisme, écrivait ou disait que l'on ne trouverait pas à la Guyane les éléments d'une représentation administrative locale; cela suffisait; on passait outre au conseil général, on ne s'avisait point qu'après tout nous ne pouvions être rendus responsables de vingt années d'Empire subis, malgré nous, sans institutions, partant sans esprit public. On ne s'avisait point que ce n'était pas à ce régime que nous pouvions acquérir des vertus civiques. Encore moins s'avisait-on que ce n'était pas en continuant de nous refuser des libertés, que l'on pouvait nous amener à en apprendre la pratique.

On nous reprochait notre petit nombre. Était-ce par hasard notre faute, si au lieu de favoriser l'accroissement de la population à la Guyane par une œuvre d'immigration saine et vivace, l'Empire n'avait rien trouvé de mieux que de nous envoyer vingt à vingt-cinq mille forçats, aujourd'hui disparus, ou encore des travailleurs indiens, incapables d'acclimatement, pour le plus grand profit passager des anciens esclavagistes mécontents ou celui de l'aristocratie financière qui leur a succédé ? Était-ce notre faute si, grâce à ce système, notre pays, devenu complétement stérile, était resté une charge pour la métropole au lieu de lui être une source d'utilités?

Pourquoi, même dans ces conditions, n'aurions-nous pas été admis à participer aux affaires générales de la France? Étant par nous-mêmes vingt mille environ, n'avions-nous pas le droit de vouloir nous mêler à une politique, dont nous étions à tout instant appelés à subir le contre-coup?

Nous n'avions pas de communes, pas d'habitants. Apparemment des communes auraient dû s'ériger toutes seules à la Guyane. Apparemment la population libre du dehors aurait dû s'empresser de venir peupler nos quartiers à la façon dont l'accueillait d'ordinaire le régime de sabre auquel nous avions été soumis de toute éternité.

Tout était de cette force.

Qui donc maintenant voudrait dire que ces objections fussent sérieuses; aujourd'hui surtout que nous les avons vu tomber d'elles-mêmes, une à une, cette année, et sans qu'aucune modification de la situation que l'on reprochait à la Guyane soit venue en déterminer la chute. Et comment prétend-on nous faire admettre que le soient davantage celles que l'on oppose encore à la substitution, aux colonies, du gouvernement civil au gouvernement militaire.

Examinons-les cependant.

On nous dit que l'on ne demanderait pas mieux que de nous donner des gouverneurs civils, mais qu'en vain on cherche partout des administrateurs : on n'en trouve pas, même au sein du Parlement, où personne ne se soucie d'aller gouverner les colonies.

Mais d'abord il faut approuver très-fort les élus du suffrage universel de ne vouloir point faire du Parlement la pépinière des fonctionnaires du gouvernement. Le mandat de représentant du peuple n'est pas pour servir de marche-pied aux améliorations de situation particulière.

Ensuite est-il admissible que dans toute la France il ne se puisse trouver quelques administrateurs à envoyer aux colonies?

A la rigueur on en trouverait, mais ils ne sauraient convenir, dit-on, l'administration coloniale devant être comprise d'une tout autre manière que l'administration métropolitaine.

Eh! pourquoi, s'il vous plaît? En quoi donc différons-nous tant par nos idées, nos habitudes, nos mœurs, notre mode d'existence, des populations métropolitaines? Entre elles et nous y a-t-il, en réalité, d'autres différences que celles artificiellement et arbitrairement établies ou maintenues par le pouvoir central lui-même.

Nous habitons, dit-on, des climats brûlants. Nous avons constamment l'esprit en ébullition. Il nous faut en conséquence un régime exceptionnel, sévère, énergique, qui nous puisse au besoin maintenir par lui-même, éloignés comme nous le sommes en quelque sorte de toute surveillance directe, de tout moyen de répression immédiat du pouvoir central.

Et quand donc avons-nous si bien prouvé cette perpétuelle effervescence de nos esprits? A quelle époque nous sommes-nous donc si violemment insurgés qu'il nous faille de toute nécessité un régime autre que celui des départements où, Dieu merci, les insurrections sont autrement fréquentes et terribles, sans que l'on songe pourtant à y maintenir un éternel état de siége?

N'avons-nous pas toujours au contraire témoigné en toutes circonstances de la plus grande soumission, du plus fidèle attachement à la mère-patrie. N'avons-nous pas à toute époque marqué le plus vif désir de l'aimer et de la servir. Aujourd'hui même, ne sommes-nous pas à la veille d'accepter d'elle, sans mot dire, une charge nouvelle, le service militaire. Pourquoi donc alors prévoir de si loin pour nous la nécessité possible d'une répression quelconque.

Mais j'entends: l'objection nous vise moins que la transportation; la Guyane est encore une colonie mi-pénitentiaire.

Mais, encore une fois, devons-nous en bonne justice pâtir de cette situation ? Etait-ce nous qui avions demandé la transportation ? Au reste, qui empêche qu'à côté de l'administration civile, à laquelle nous avons droit, on entretienne l'élément de force nécessaire pour le maintien de l'ordre et la sécurité du pays ? Ainsi, du moins, se justifierait peut-être la présence des commandants militaires à Cayenne, présence dont l'utilité ne paraît pas avoir été jusqu'ici suffisamment démontrée.

Tels sont, chers concitoyens, les principaux arguments dont on use à notre égard. Naturellement, je passe sous silence celui qui consiste à dire qu'il nous vaut encore mieux être gouvernés par des marins que par d'autres, parce que du moins les marins voyagent et connaissent nos pays. Autant vaudrait dire que l'on devient architecte à visiter des monuments.

Que faut-il penser de ces arguments ? Sont-ils plus sérieux que ceux que nous avons précédemment examinés ? Gardez-vous de le croire, car le gouvernement lui-même ne le croit pas.

La preuve, je la trouve en ceci que, malgré tout, l'essai du gouvernement civil a été fait, se fait encore pour l'Algérie, pour la Cochinchine. C'est que là apparemment la conquête est plus parfaite que chez nous; c'est que là les populations sont infiniment plus soumises que nous ne le sommes.

Je la trouve encore dans l'essai qui devait être fait à la Martinique. Il est vrai que l'honorable M. Gent ayant été reconnu impossible, on s'empressa de revenir au militarisme; d'où il faut conclure que M. Gent était le dernier civil capable de gouverner une colonie qui restât en France.

Mais, chers concitoyens, trève d'ironie. La question est assez sérieuse pour être traitée sérieusement.

La traiter ainsi, c'est dire au gouvernement, en les ajustant à notre situation, les paroles que l'honorable M. Brisson prononçait le 4 décembre à la tribune de la Chambre des députés :

« Vous avez fait le grand effort de nous
« donner quelques institutions. Eh bien!
« sachez que le militarisme ne saurait prési
« der utilement au fonctionnement de ces
« institutions. Pour que les habitants de la
« Guyane s'y reconnaissent, il faut qu'une
« administration qui y entende quelque chose,
« leur donne l'impulsion; que par ses indi-
« cations générales, son attitude, elle leur
« imprime leur véritable courant, sans lequel
« ces institutions n'auraient aucune signifi-
« cation, ne donneraient aucun résultat. »

Ces paroles décideront-elles le gouvernement? Je ne l'espère pas. Alors que faire? Je vais le dire et ce sera ma conclusion.

Nous avons un droit inscrit, un droit entier. Jusqu'ici nous l'avons sacrifié en partie, espérant ainsi amener le pouvoir à composition. Le pouvoir refuse. Nous n'avons plus qu'à reprendre ce droit, à le faire valoir en toutes circonstances, à le défendre par tous moyens: articles de journaux, pétitions, etc., jusqu'au jour où la République amendée le consacrera, surbordonnant enfin ainsi l'intérêt de ses fonctionnaires à caser à l'intérêt autrement important de populations qui ne demandent qu'à bien mériter de leur métropole.

GUSTAVE FRANCONIE.

Paris. — Imprimerie Moderne (Wattier, directeur), rue J.-J.-Rousseau, 61.

www.ingramcontent.com/pod-product-compliance
Lightning Source LLC
Chambersburg PA
CBHW051448060726
47596CB00006B/2677